कोशिश से कामयाबी तक

"ज़िन्दगी में अगर कामयाब होना है

तो लगातार कोशिश करते रहो "

अबरार सोहेल

यह किताब
मेरे परिवार, दोस्तों और रिश्तेदारों
को समर्पित है,
जिन्होंने हर अच्छे और बुरे वक़्त में
मेरा साथ दिया

अनुक्रम

कोशिश से कामयाबी तक : सफलता की दिशा में प्रेरणादायक यात्रा

From Effort to Success : An Inspirational Journey Towards Success

प्रस्तावना
Preface

सपने तो सभी देखते हैं, मगर उन सपनों को हकीकत में बदलना, मुश्किलों और चैलेंजेस का सामना करते हुए मंजिल तक पहुंचना आसान नहीं होता। "कोशिश से कामयाबी तक" एक ऐसी किताब है जो आपको इस सफर में राह दिखाएगी, प्रेरित करेगी और सही दिशा में कदम बढ़ाने का हौसला देगी।

इस किताब में सफलता हासिल करने के लिए ज़रूरी अलग-अलग पहलुओं को गहराई से समझाया गया है। चाहे वो स्पष्ट लक्ष्य निर्धारित करना हो, वक्त का सही इस्तेमाल करना, पॉजिटिव सोच रखना, या लगातार मेहनत करना हो - हर कदम को डिटेल में और प्रैक्टिकल नजरिए से पेश किया गया है।

यह किताब सिर्फ थ्योरी तक सीमित नहीं है, बल्कि इंस्पायरिंग कहानियों और उदाहरणों के जरिए इन प्रिंसिपल्स को समझाने की कोशिश करती है। हर चैप्टर में ऐसे उदाहरण दिए गए हैं जो आपको यकीन दिलाएंगे कि अगर आप सही दिशा में लगातार कोशिश करते हैं तो कोई भी मंजिल नामुमकिन नहीं है।

"कोशिश से कामयाबी तक" एक ऐसी गाइड है जो आपको न सिर्फ सफलता की राह पर चलने की प्रेरणा देगी, बल्कि उस राह पर मजबूती से खड़े रहने का कॉन्फिडेंस और डिटरमिनेशन भी देगी। तो चलिए, इस प्रेरणादायक सफर की शुरुआत करते हैं और एक कदम कामयाबी की तरफ बढ़ाते हैं!

कोशिश से कामयाबी तक : सफलता की दिशा में
From Effort to Success : Towards Success

12 महत्वपूर्ण कदम
12 Important Steps

1. **स्पष्ट लक्ष्य निर्धारित करें (Set Clear Goals)**: सबसे पहले, अपने लक्ष्यों को स्पष्ट और मापनीय बनाएं। इससे आपको एक साफ दिशा मिलेगी और आप अपने प्रयासों को सही दिशा में केंद्रित कर सकेंगे।

2. **समय का सही प्रबंधन करें (Manage Time Properly)** : समय का सही उपयोग करना सफलता की कुंजी है। अपने समय को प्रायोरिटाइज़ करें और अनावश्यक गतिविधियों से बचें।

3. **निरंतर सीखते रहें (Keep Learning Continuously)** : सीखना कभी बंद न करें। नए स्किल्स और ज्ञान को अपनाएं जो आपके पेशे और व्यक्तिगत विकास में मदद करें।

4. **सकारात्मक सोच रखें (Keep Positive Thoughts)** : हर स्थिति में सकारात्मक दृष्टिकोण बनाए रखें। सकारात्मक सोच आपकी मेहनत को प्रोत्साहित करती है और आपको चुनौतियों का सामना करने में मदद करती है।

5. **निरंतर प्रयास करें (Keep Trying)** : सफलता एक दिन में नहीं मिलती। लगातार प्रयास करते रहें और हार मानने की बजाय अपने लक्ष्यों की ओर बढ़ते रहें।

6. **आत्म-विश्वास बनाए रखें (Maintain Self-Confidence)** : अपने आप पर विश्वास रखें। आत्म-विश्वास से आप किसी भी चुनौती का सामना कर सकते हैं।

7. **लचीलापन बनाए रखें (Maintain Flexibility)** : जीवन में उतार-चढ़ाव आते रहते हैं। लचीला दृष्टिकोण अपनाएं और परिस्थितियों के अनुसार अपने प्लान में बदलाव लाते रहें।

8. **सपने बड़े रखें (Dream Big)** : हमेशा बड़े सपने देखें और उन्हें हासिल करने के लिए मेहनत करें। बड़े सपने देखने से ही बड़े लक्ष्य प्राप्त होते हैं।

9. **फीडबैक लें (Take Feedback)** : अपने काम के बारे में दूसरों से फीडबैक लें और इसे अपने विकास के लिए उपयोग करें।

10. **समस्या सुलझाने की क्षमता (Problem Solving Ability)** : समस्याओं का विश्लेषण करें और उनके समाधान खोजें। समस्या सुलझाने की क्षमता सफलता के लिए बेहद महत्वपूर्ण है।

11. **धैर्य रखें (Be Patient)** : सफलता के रास्ते में धैर्य बहुत ज़रूरी है। धैर्य से काम लें और अपने लक्ष्य की ओर बढ़ते रहें।

12. **उत्साह और जुनून बनाए रखें (Maintain Enthusiasm and Passion)** : अपने काम के प्रति उत्साह और जुनून बनाए रखें। यह आपको मोटिवेटेड रखेगा और आपके प्रयासों को बढ़ावा देगा।

इन 12 कदमों को अपनाकर आप अपने जीवन में सफलता की दिशा में एक मजबूत कदम बढ़ा सकते हैं। "कोशिश से कामयाबी तक" पुस्तक आपके इस सफर में मार्गदर्शन करेगी और आपको अपने लक्ष्यों को प्राप्त करने में मदद करेगी।

Chapter
1
स्पष्ट लक्ष्य निर्धारित करें
Set Clear Goals

"अगर आपने यह तय कर लिया है

कि जिंदगी में आपको क्या हासिल करना है

तो आपके प्रयास उसी दिशा में होंगे

और आखिर में आप अपना लक्ष्य हासिल कर लेंगे"

स्पष्ट लक्ष्य निर्धारित करें
Set Clear Goals

स्पष्ट लक्ष्य निर्धारित करना किसी भी सफलता की दिशा में पहला और महत्वपूर्ण कदम है। यह हमारी ज़िन्दगी को सही दिशा में ले जाता है और हमें अपनी मंजिल तक पहुंचने में मदद करता है। जब हम अपने लक्ष्यों को स्पष्ट रूप से निर्धारित करते हैं, तो हम अपने प्रयासों को सही दिशा में केंद्रित कर सकते हैं और ज़्यादा बेहतर तरीके से काम कर सकते हैं।

स्पष्ट लक्ष्य का महत्व
Importance of Clear Goals

स्पष्ट लक्ष्य निर्धारित करने का सबसे बड़ा फ़ायदा यह है कि यह हमें एक स्पष्ट दिशा और उद्देश्य प्रदान करता है। बिना लक्ष्य के हमारा जीवन एक भटके हुए जहाज की तरह होता है, जिसे नहीं पता कि उसे कहां जाना है। लक्ष्य हमारा मार्गदर्शन करता हैं यह न केवल हमारे व्यक्तिगत विकास में मदद करता है, बल्कि हमारे पेशेवर जीवन में भी हमें सफलता दिलाता है।

स्पष्ट लक्ष्य कैसे निर्धारित करें
How to set clear goals

स्पष्ट लक्ष्य निर्धारित करने के लिए सबसे पहले हमें यह समझना होगा कि हम क्या प्राप्त करना चाहते हैं। इसके बाद हमें अपने लक्ष्यों को विशेष (Specific), मापने योग्य (Measurable), प्राप्त करने योग्य (Achievable),

यथार्थवादी (Realistic)और समयबद्ध (Time-bound) बनाना होगा जिसे समझने के लिये हम (SMART) कह सकते है। यह प्रक्रिया हमें अपने लक्ष्यों को स्पष्ट रूप से परिभाषित करने में मदद करती है और उन्हें प्राप्त करने के लिए एक स्पष्ट मार्गदर्शन प्रदान करती है।

1. **विशेष (Specific)**: आपके लक्ष्य स्पष्ट और विशेष होने चाहिए। उदाहरण के लिए, "मैं स्वस्थ बनना चाहता हूं" के बजाय "मैं अगले 6 महीनों में 10 किलो वजन कम करना चाहता हूं" एक विशेष लक्ष्य है।

2. **मापने योग्य (Measurable)**: आपके लक्ष्य मापने योग्य होने चाहिए ताकि आप अपनी प्रगति को ट्रैक कर सकें। मापने योग्य लक्ष्यों से आपको पता चलता है कि आप अपनी मंजिल के कितने करीब हैं।

3. **प्राप्त करने योग्य (Achievable)**: आपके लक्ष्य यथार्थवादी और प्राप्त करने योग्य होने चाहिए। बहुत ज्यादा मुश्किल लक्ष्य आपको हतोत्साहित कर सकते हैं, इसलिए ऐसे लक्ष्य निर्धारित करें जो आपके वर्तमान संसाधनों और क्षमताओं के अनुसार हो।

4. **यथार्थवादी (Realistic)**: आपके लक्ष्य यथार्थवादी होने चाहिए। यह सुनिश्चित करें कि आपके लक्ष्य आपके जीवन की वास्तविकताओं के अनुसार हों और उन्हें प्राप्त करना संभव हो।

5. **समयबद्ध (Time-bound)**: आपके लक्ष्य समयबद्ध होने चाहिए। एक समय सीमा निर्धारित करें जिसके भीतर आप अपने लक्ष्य को प्राप्त करना चाहते हैं। इससे आपको अपनी प्राथमिकताओं को सही ढंग से व्यवस्थित करने में मदद मिलती है।

कहानी: आर्यन की सफलता की यात्रा
Story: Aryan's journey to success

आर्यन एक युवा उद्यमी था, जिसका सपना था कि वह अपने छोटे से स्टार्टअप को एक सफल कंपनी में बदल दे। लेकिन शुरुआत में, उसके पास कोई स्पष्ट लक्ष्य नहीं था और वह विभिन्न दिशाओं में भटक रहा था। उसे समझ में आया कि सफलता पाने के लिए उसे स्पष्ट और मापने योग्य लक्ष्य निर्धारित करने होंगे।

आर्यन ने सबसे पहले अपने दीर्घकालिक (Long term) लक्ष्य निर्धारित किए। उसने तय किया कि वह अपनी कंपनी को अगले पांच वर्षों में उद्योग की अग्रणी कंपनियों में से एक बनाना चाहता है। इसके बाद, उसने इस दीर्घकालिक लक्ष्य को छोटे-छोटे अल्पकालिक (Short term) लक्ष्यों में बांटा. उसने तय किया कि वह हर 6 महीने में अपने उत्पादों और सेवाओं को बेहतर करेगा, ग्राहकों की तादात बढ़ाएगा और अपने कर्मचारियों की क्षमता को बढ़ाएगा।

आर्यन ने अपने लक्ष्यों को स्पष्ट, मापने योग्य, प्राप्त करने योग्य, यथार्थवादी और समयबद्ध (SMART) बनाया। उदाहरण के लिए, उसने तय किया कि वह अगले छह

महीनों में अपने उत्पाद की गुणवत्ता में 20% सुधार करेगा। यह एक स्पष्ट, मापने योग्य और समयबद्ध लक्ष्य था। उसने अपने कर्मचारियों के लिए प्रशिक्षण कार्यक्रम आयोजित किए और नई तकनीकों का उपयोग करके अपने उत्पाद की गुणवत्ता को सुधारने पर ध्यान केंद्रित किया।

प्रगति और सफलता
Progress and Success

आर्यन ने नियमित रूप से अपनी प्रगति का मूल्यांकन किया और अपने लक्ष्यों को प्राप्त करने के लिए ज़रुरी बदलाव किए। उसने अपने कर्मचारियों के साथ मिलकर काम किया और उन्हें भी स्पष्ट लक्ष्यों के महत्व के बारे में बताया। उसने देखा कि उसके स्पष्ट और मापने योग्य लक्ष्यों के कारण उसकी कंपनी में धीरे-धीरे सुधार हो रहा था और वह अपने दीर्घकालिक लक्ष्य की ओर बढ़ रहा था।

आर्यन की मेहनत और स्पष्ट लक्ष्यों ने उसे सफलता की ओर अग्रसर किया। उसकी कंपनी उद्योग की अग्रणी कंपनियों में से एक बन गई और उसने अपने दीर्घकालिक लक्ष्य को प्राप्त किया। आर्यन की कहानी हमें यह सिखाती है कि स्पष्ट लक्ष्य निर्धारित करने से हम अपने प्रयासों को सही दिशा में केंद्रित कर सकते हैं और सफलता प्राप्त कर सकते हैं।

निष्कर्ष
Conclusion

स्पष्ट लक्ष्य निर्धारित करना सफलता की दिशा में पहला और ज़रुरी कदम है। यह हमें एक स्पष्ट दिशा और उद्देश्य प्रदान करता है और हमारी कोशिशों को एक नई दिशा देता है। आर्यन की सफलता की कहानी हमें यह सिखाती है कि स्पष्ट और मापने योग्य लक्ष्यों से हम अपनी मंजिल की ओर तेजी से बढ़ सकते हैं। इसलिए, अपने जीवन में स्पष्ट लक्ष्य निर्धारित करें और उन्हें हासिल करने के लिए लगातार कोशिश करते रहें। इससे आप न केवल अपने व्यक्तिगत और पेशेवर जीवन में सफलता प्राप्त करेंगे, बल्कि एक संतुलित और समृद्ध जीवन भी जी सकेंगे।

Chapter 2

समय का सही प्रबंधन करें

Manage Time Properly

"वक़्त किसी के लिए नहीं रुकता

बेहतर भविष्य के लिए आपको

अपने वक़्त के हर पल का

सही इस्तेमाल करना होगा"

समय का सही प्रबंधन करें
Manage Time Properly

समय का सही प्रबंधन हमारे जीवन की सफलता और संतुलन के लिए महत्वपूर्ण है। यह न सिर्फ हमारे रोज़मर्रा के कार्यों को व्यवस्थित करता है, बल्कि हमारी उत्पादकता और मानसिक शांति को भी बढ़ाता है। जब हम अपने समय का सही तरीके से प्रबंधन करते हैं, तो हम अपनी ऊर्जा को सही दिशा में लगा सकते हैं और अपने लक्ष्यों को जल्दी हासिल कर सकते हैं।

समय प्रबंधन का महत्व
Importance of Time Management

समय प्रबंधन का सबसे बड़ा फायदा यह है कि यह हमें हमारे कार्यों को व्यवस्थित तरीके से पूरा करने में मदद करता है। यह हमें अपनी प्राथमिकताओं को समझने और उन्हें सही ढंग से मैनेज करने की क्षमता देता है। जब हम समय का सही प्रबंधन करते हैं, तो हम अनावश्यक तनाव से बच सकते हैं और अपनी काम करने की क्षमता को बढ़ा सकते हैं। इसके अलावा, अच्छा समय प्रबंधन हमें अपने व्यक्तिगत और पेशेवर (professional) जीवन में संतुलन बनाए रखने में भी मदद करता है।

समय प्रबंधन की तकनीकें
Time Management Techniques

समय का सही प्रबंधन करने के लिए कई प्रभावशाली तकनीकें हैं। इनमें से कुछ प्रमुख तकनीकें निम्नलिखित हैं:

1. **लक्ष्यों को स्पष्ट करें (Clarify Goals)** : सबसे पहले, अपने लक्ष्यों को स्पष्ट रूप से पहचानें और उन्हें प्राथमिकता के आधार पर व्यवस्थित करें। यह आपको यह जानने में मदद करेगा कि आपको सबसे पहले किस काम पर ध्यान देना है।

2. **कार्य सूची बनाएं (Make a Task List)** : किये जाने वाले कामो की एक लिस्ट बनाएं जिसमें सभी महत्वपूर्ण कार्य शामिल हों। इससे आपको यह पता चलेगा कि कौन से काम को पहले करना हैं और उन्हें पूरा करने के लिए कितना समय चाहिए।

3. **समय सीमा निर्धारित करें (Set Deadlines)** : हर कार्य के लिए एक समय सीमा तय करें। इससे आपको यह पता चलेगा कि आपको कितना समय किस कार्य पर लगाना है और आप अपने समय का सही इस्तेमाल कर पाएंगे।

4. **प्राथमिकता तय करें (Do Prioritize)** : अपने कार्यों को उनकी महत्वता के आधार पर प्राथमिकता दें। पहले महत्वपूर्ण और आवश्यक कार्यों को पूरा करें, फिर कम महत्वपूर्ण कार्यों पर ध्यान दें।

5. **टाइम ब्लॉक तकनीक (Time Block Technique)** : अपने दिन को टाइम ब्लॉक्स में बाँटें। हर ब्लॉक को एक खास कार्य के लिए तय करें और उस समय अवधि में सिर्फ उसी कार्य पर फोकस करें।

6. **डिस्ट्रैक्शन को कम करें (Reduce Distractions)** : अपने कार्य के दौरान किसी भी तरह की रुकावटों को कम करें। एक ऐसा माहौल बनाएं जिससे आप बिना किसी रुकावट के काम कर सकें।

7. **समीक्षा एवं समायोजन (Review and Adjustment)** : लगातार अपनी प्रगति की समीक्षा करें और समय प्रबंधन की योजना में आवश्यक बदलाव करें। इससे आप अपने लक्ष्यों की दिशा में सही तरीके से बढ़ सकते हैं।

कहानी: राहुल का समय प्रबंधन
Story: Rahul's Time Management

राहुल एक युवा था जो अपनी नौकरी में बहुत मेहनत कर रहा था, लेकिन फिर भी उसे समय पर अपने काम पूरे करने में परेशानी हो रही थी। उसका दिनभर का शेड्यूल बेहद व्यस्त था, और वह अक्सर अपने कामों को पूरा करने में देर कर देता था। यह स्थिति उसे मानसिक तनाव और काम के प्रति असंतोष की ओर ले जा रही थी।

समय प्रबंधन की शुरुआत
Beginning of Time Management

राहुल ने समझा कि उसे अपने समय का बेहतर प्रबंधन करने की जरूरत है। उसने सबसे पहले अपने लक्ष्यों को स्पष्ट किया और अपने कामों को प्राथमिकता के आधार पर सूचीबद्ध किया। उसने पाया कि वह अपने महत्वपूर्ण कार्यों को प्राथमिकता देने में सक्षम नहीं था और उसे अपने समय की योजना को बेहतर ढंग से व्यवस्थित करने की आवश्यकता है।

शेड्यूल और टाइम ब्लॉकिंग
Schedule and Time Block

राहुल ने एक डेली शेड्यूल बनाना शुरू किया। उसने अपने दिनभर के कामों को टाइम ब्लॉक्स में बाँट दिया और हर ब्लॉक के लिए एक विशेष कार्य तय किया। उसने देखा कि इससे उसे अपने कार्यों को व्यवस्थित करने में मदद मिली और वह बिना किसी रुकावट के काम को पूरा करने में सक्षम हुआ।

डिस्ट्रैक्शन को कम करना
Reducing Distractions

राहुल ने अपने कार्य के दौरान किसी भी प्रकार की बाधाओं को कम करने का फैसला किया। उसने अपने काम के

दौरान मोबाइल और सोशल मीडिया को सीमित कर दिया और एक शांत कार्य वातावरण बनाना शुरू किया। इससे उसे अपनी पूरी तवज्जो काम पर केंद्रित करने में मदद मिली।

प्रगति की निगरानी
Progress Monitoring

राहुल ने अपनी प्रगति की नियमित समीक्षा की और समय प्रबंधन की योजना में आवश्यक बदलाव किए। उसने देखा कि उसकी उत्पादकता में सुधार हुआ और उसे काम पूरा करने में आसानी हुई। उसके समय प्रबंधन की योजना ने उसे न सिर्फ काम में बल्कि व्यक्तिगत जीवन में भी संतुलन बनाए रखने में मदद की।

सफलता की प्राप्ति
Achieving Success

राहुल की मेहनत और योजनाबद्ध तरीके से किए गए समय प्रबंधन ने उसे उसके मेरा नौकरी में सफलता दिलाई। उसने अपने कामों को समय पर पूरा किया और तनाव मुक्त रहने में सफल रहा। उसकी कहानी हमें यह सिखाती है कि सही समय प्रबंधन से हम अपनी कार्यक्षमता को बढ़ा सकते हैं और अपने लक्ष्यों को आसानी से प्राप्त कर सकते हैं।

निष्कर्ष
Conclusion

समय का सही प्रबंधन कामयाबी की ओर एक महत्वपूर्ण कदम है। यह हमें न सिर्फ अपने कार्यों को व्यवस्थित करने में मदद करता है, बल्कि हमें व्यक्तिगत और पेशेवर जीवन में संतुलन बनाए रखने की क्षमता भी देता है। राहुल की कहानी से यह साबित होता है कि सही समय प्रबंधन से हम अपनी उत्पादकता को बढ़ा सकते हैं और जीवन में सफलता प्राप्त कर सकते हैं।

Chapter 3

निरंतर सीखते रहें

Keep Learning

"दुनिया का कोई भी इंसान

कितना भी अक्लमंद क्यों न हो

वह सबकुछ नहीं जनता

इसलिए आपको हमेशा सीखते रहना चाहिये"

निरंतर सीखते रहें
Keep Learning

जीवन में सफलता और व्यक्तिगत विकास के लिए निरंतर सीखना बहुत जरूरी है। आज की तेजी से बदलती दुनिया में, जहां हर दिन नई तकनीकें और विचार सामने आते हैं, नई तकनीकों को सीखना हमारी प्रगति के लिए महत्वपूर्ण है।

निरंतर सीखने का महत्व
Importance of Continuous Learning

जब हम लगातार सीखते रहते हैं, तो हम अपनी सोच को अपडेट रख सकते हैं और नए अवसरों को पहचान सकते हैं। इसके अलावा, यह हमारी समस्याओं को हल करने की क्षमता को भी बढ़ाता है और हमें बेहतर निर्णय लेने में मदद करता है।

निरंतर सीखने की तकनीकें
Continuous Learning Techniques

1. **पढ़ाई और अध्ययन (Study and Learning)** : किताबें, ब्लॉग, और जर्नल्स पढ़ना नए विचारों और ज्ञान को प्राप्त करने का एक अच्छा तरीका है। नियमित पढ़ाई करने से हम नई जानकारियों से अवगत रहते हैं और अपनी सोच को विस्तारित कर सकते हैं।

2. **ऑनलाइन कोर्सेस और वर्कशॉप्स (Online Courses and Workshops)** : इंटरनेट पर कई ऑनलाइन कोर्सेज और वर्कशॉप्स उपलब्ध हैं जो हमें नई तकनीकें और ट्रेंड्स सिखाते हैं। इनका उपयोग करके हम अपने स्किल्स को अपडेट कर सकते हैं ।

3. **नेटवर्किंग और मेंटरशिप (Networking and Mentorship)** : अपने क्षेत्र के विशेषज्ञों और मेंटर्स से सीखना भी फायदेमंद होता है। नेटवर्किंग के माध्यम से आप अनुभव साझा कर सकते हैं और दूसरों से प्रेरणा प्राप्त कर सकते हैं।

4. **साक्षात्कार और पॉडकास्ट्स (Interviews and Podcasts)** : इंटरव्यूज़ और पॉडकास्ट्स सुनना, जहां विशेषज्ञ अपने अनुभव साझा करते हैं, नई जानकारी प्राप्त करने का एक अच्छा तरीका है। यह हमें नई तकनीकों और विचारों से अवगत कराता है।

5. **प्रायोगिक अनुभव (Practical Experience)** : जो कुछ भी हम सीखते हैं, उसे व्यावहारिक रूप से लागू करना भी महत्वपूर्ण है। नए कौशल और ज्ञान को व्यवहार में लाने से हम उन्हें और बेहतर तरीके से समझ सकते हैं और अनुभव प्राप्त कर सकते हैं।

कहानी: श्वेता की निरंतर सीखने की यात्रा
Story: Shweta's journey of continuous learning

श्वेत अपने करियर में आगे बढ़ना चाहती थी। हालांकि, उसने महसूस किया कि उसके क्षेत्र में लगातार बदलाव हो रहे हैं और नई तकनीकें आ रही हैं। वह जानती थी कि इन बदलावों के साथ तालमेल बिठाने के लिए उसे निरंतर सीखना होगा।

श्वेता ने पहली बार पढ़ाई और अध्ययन से शुरुआत की
Shweta started studying for the first time

उसने नई किताबें पढ़ीं और ऑनलाइन अच्छे ब्लॉग्स को ध्यान से देखा। उसने अपने क्षेत्र के नवीनतम ट्रेंड्स और तकनीकों के बारे में जानकारी प्राप्त की। इससे उसे अपने काम में सुधार करने का मौका मिला।

इसके बाद, श्वेता ने ऑनलाइन कोर्सेज और वर्कशॉप्स का सहारा लिया। उसने अपने स्किल को अपडेट करने के लिए कई कोर्स किए। ये कोर्सेज उसे नई तकनीकों और ट्रेंड्स से अवगत कराते थे, जिससे वह अपने काम में और बेहतर हो सकी।

श्वेता ने नेटवर्किंग और मेंटरशिप का भी लाभ उठाया। उसने अपने क्षेत्र के अनुभवी लोगों से संपर्क किया और उनकी सलाह ली। इससे उसे अपने करियर में सही दिशा पाने में मदद मिली और उसने नए अवसरों की पहचान की।

इसके अलावा, श्वेता ने साक्षात्कार और पॉडकास्ट्स का ध्यानपूर्वक पालन किया। उसने विशेषज्ञों के अनुभवों से सीखा और उन्हें अपने काम में लागू किया।

अंततः, श्वेता ने जो कुछ भी सीखा, उसे अपने कार्यक्षेत्र में लागू किया। उसने अपने नए कौशल को व्यावहारिक रूप से उपयोग में लाया और अपने पेशेवर जीवन में महत्वपूर्ण सुधार किया।

निष्कर्ष
Conclusion

निरंतर सीखना सफलता और विकास की दिशा में एक महत्वपूर्ण कदम है। यह हमें नई जानकारी और कौशल प्राप्त करने में मदद करता है, हमें बेहतर निर्णय लेने की क्षमता देता है और हमें बदलती दुनिया के साथ तालमेल बिठाने में सहायता करता है। श्वेता की कहानी ये बताती है की है कि निरंतर सीखने से हम अपने करियर और जीवन में बेहतर प्रगति कर सकते हैं। इसलिए, हमें हमेशा नए ज्ञान और कौशल की तलाश करनी चाहिए और उन्हें अपने जीवन में लागू करना चाहिए।

Chapter 4

सकारात्मक सोच रखें
Keep Positive Thoughts

"सकारात्मक सोच आपको

बुरे से बुरे वक़्त में भी

लड़ने का हौसला देती है"

सकारात्मक सोच रखें
Keep Positive Thoughts

सकारात्मक सोच ज़िन्दगी को देखने का एक नजरिया है, जिसमें हम चुनौतियों और मुश्किलों को अवसरों के रूप में देखते हैं और समस्याओं का समाधान ढूँढते हैं। यह न सिर्फ हमें मानसिक शांति और आत्म-विश्वास प्रदान करती है, बल्कि यह हमारी सफलता और खुशहाली में भी महत्वपूर्ण भूमिका निभाती है। सकारात्मक सोच रखने से हम जीवन की कठिनाइयों को बेहतर तरीके से संभाल सकते हैं और खुशहाल जीवन जी सकते हैं।

सकारात्मक सोच का महत्व
Importance of Positive Thoughts

जब हम सकारात्मक सोच रखते हैं, तो हम समस्याओं को अवसरों के रूप में देखते हैं और उन्हें हल करने के लिए प्रेरित होते हैं। यह हमें तनाव और चिंता से बचाता है और हमारी मानसिक स्थिति को बेहतर बनाता है। इसके अलावा, सकारात्मक सोच से हमारी ऊर्जा और उत्साह भी बढ़ता है, जिससे हम अपने लक्ष्यों को प्राप्त करने में अधिक सक्षम होते हैं।

सकारात्मक सोच की तकनीकें
Positive Thinking Techniques

1. **स्वयं को प्रेरित करें (Motivate Yourself)** : आप खुद से ये बात करे की ये काम मुश्किल है लेकिन मै इसे कर सकता हु, खुद को प्रेरित करने के लिए सकारात्मक आत्म-चर्चा करें। जब आप खुद को सकारात्मक तरीके से प्रेरित करेंगे, तो आपकी सोच भी सकारात्मक होगी।

2. **सकारात्मक पुष्टि करें (Possitive Affirmations)** : सकारात्मक पुष्टि का उपयोग करें। हर दिन खुद से सकारात्मक बातें कहें, जैसे "मैं सक्षम हूँ," "मैं सफल हो सकता हूँ," और "मेरे पास हर समस्या का समाधान है।"

3. **सकारात्मक लोगों के साथ समय बिताएं (Spend Time with Positive People)** : अपने आस-पास सकारात्मक और प्रेरणादायक लोगों से घिरें। ऐसे लोग आपके दिमाग को नकारात्मक सोच से दूर रखते हैं और आपकी सकारात्मक सोच को प्रोत्साहित करते हैं।

4. **समाधान पर ध्यान केंद्रित करें (Focus on Solutions)** : समस्याओं और मुश्किलों के बजाय उनके समाधान पर ध्यान केंद्रित करें। जब आप समस्याओं के समाधान पर ध्यान देंगे, तो आपकी सोच सकारात्मक बनेगी और आप तेजी से प्रगति कर पाएंगे।

5. **आभार व्यक्त करें (Express Gratitude)**: जीवन में जो कुछ भी अच्छा है, उसके लिए शुक्र करें। यह आपकी

सोच को सकारात्मक बनाए रखता है और आपको जीवन की अच्छाइयों की सराहना करने में मदद करता है।

6. **स्वास्थ्य पर ध्यान दें (Pay Attention to Health)** : शारीरिक और मानसिक स्वास्थ्य का ध्यान रखें। नियमित व्यायाम, संतुलित आहार, और पर्याप्त नींद से आपका मन और शरीर दोनों स्वस्थ रहेंगे, जिससे आपकी सोच सकारात्मक बनी रहेगी।

कहानी: अनिल की सकारात्मक सोच की यात्रा
Story: Anil's Journey of Positive Thinking

अनिल एक युवा था जो अपने करियर में असफलताओं का सामना कर रहा था। उसने कई बार कोशिश की, लेकिन उसे हर बार असफलता का सामना करना पड़ा। उसकी सोच ने उसे नकारात्मकता की ओर धकेल दिया था और उसने ज़िन्दगी में आगे बढ़ने की उम्मीद खो दी थी।

अनिल की सकारात्मक सोच की शुरुआत
Anil's Positive Thinking Begins

एक दिन, अनिल ने महसूस किया कि उसकी नकारात्मक सोच उसे और भी नीचे ले जा रही है। उसने तय किया कि उसे अपने नज़रिये को बदलने की जरूरत है। उसने सकारात्मक सोच को अपनाने का निर्णय लिया और इस दिशा में पहला कदम उठाया।

स्वयं को प्रेरित करना
Motivate Yourself

उसने खुद से कहा, "मैं सक्षम हूँ," "मैं अपने लक्ष्यों को प्राप्त कर सकता हूँ," और "मेरे पास हर समस्या का समाधान है।" इस सकारात्मक आत्म-चर्चा ने उसे आत्म-विश्वास और प्रेरणा दी।

सकारात्मक पुष्टि
Possitive Affirmations

अनिल ने सकारात्मक पुष्टि का अभ्यास किया। उसने हर दिन अपने लक्ष्य और सपनों के बारे में सकारात्मक बातें कही। यह उसकी सोच को सकारात्मक बनाए रखने में मददगार साबित हुआ।

सकारात्मक लोगों के साथ समय बिताना
Spend Time With Positive People

अनिल ने अपने आस-पास सकारात्मक लोगों के साथ समय बिताना शुरू किया। उसने ऐसे दोस्तों और मेंटर्स से संपर्क किया जो उसे प्रेरित करते थे और उसकी सकारात्मक सोच को बढ़ावा देते थे।

समाधान पर ध्यान केंद्रित करना
Focus on Solutions

अनिल ने समस्याओं के बजाय उनके समाधान पर ध्यान केंद्रित किया। उसने कठिनाइयों को अवसर के रूप में देखा और उन्हें हल करने के लिए नए उपाय अपनाए। इससे उसकी सोच सकारात्मक बनी और उसने अपने लक्ष्यों की दिशा में सही कदम उठाए।

आभार व्यक्त करना
Express Gratitude

अनिल ने ज़िन्दगी में जो कुछ भी अच्छा था, उसके लिए आभार व्यक्त करना शुरू किया। उसने छोटी-छोटी चीजों की सराहना की और सकारात्मक दृष्टिकोण बनाए रखा। इससे उसकी मानसिक स्थिति में सुधार हुआ और उसने खुशहाल जीवन जीने की दिशा में कदम बढ़ाया।

स्वास्थ्य पर ध्यान देना
Pay Attention to Health

अनिल ने अपनी शारीरिक और मानसिक स्वास्थ्य का ध्यान रखना शुरू किया। उसने नियमित व्यायाम, संतुलित आहार, और पर्याप्त नींद पर ध्यान दिया। इससे उसकी सोच सकारात्मक बनी और उसने अपने जीवन में बदलाव महसूस किया।

सफलता की प्राप्ति
Achieving Success

अनिल की सकारात्मक सोच और मेहनत ने उसे उसके लक्ष्यों को प्राप्त करने में मदद की। उसने अपने करियर में सफलता पाई और जीवन में खुशहाल बदलाव देखे। उसकी कहानी यह बताती है कि सकारात्मक सोच अपनाकर हम अपने जीवन को बेहतर बना सकते हैं और अपनी सफलता की ओर कदम बढ़ा सकते हैं।

निष्कर्ष
Conclusion

सकारात्मक सोच रखना जीवन की खुशहाली और सफलता की दिशा में एक महत्वपूर्ण कदम है। यह हमें समस्याओं को अवसरों के रूप में देखने में मदद करता है और हमारी मानसिक स्थिति को बेहतर बनाता है। अनिल की कहानी से यह स्पष्ट होता है कि सकारात्मक सोच से हम अपनी कठिनाइयों को पार कर सकते हैं और अपने लक्ष्यों को प्राप्त कर सकते हैं। इसलिए, अपने जीवन में सकारात्मक सोच को अपनाएं और खुशहाल और सफल जीवन की दिशा में कदम बढ़ाएँ।

निरंतर प्रयास करें
Keep Trying

"तू अपनी नाकामयाबी का ज़िम्मेद्वार

किसी और को क्यों मानता है

तेरी कोशिश में ही थी कोई कमी

ये क्यों मान नहीं पाता है

गिरता हर कोई है, ज़िन्दगी कि दौड़ में

जीतता वही है, जो गिर के फिर उठ जाता है"

निरंतर प्रयास करें
Keep Trying

सफलता प्राप्त करने के लिए निरंतर प्रयास करना बेहद महत्वपूर्ण है। कोई भी बड़ा लक्ष्य या सपना सिर्फ एक बार में पूरा नहीं होता। इसके लिए निरंतर मेहनत, धैर्य, और संजीदगी की जरूरत होती है। निरंतर प्रयास करने से ही हम अपने लक्ष्यों को हासिल कर सकते हैं और मुश्किलों को पार कर सकते हैं।

निरंतर प्रयास का महत्व
Importance of Continuous Effort

निरंतर प्रयास हमें असफलताओं से निराश नहीं होने और लगातार आगे बढ़ने की प्रेरणा देता है। जब हम लगातार मेहनत करते हैं, तो हम हर दिन एक कदम और आगे बढ़ते हैं, चाहे वो कदम छोटा हो या बड़ा। निरंतर प्रयास से हम अपने कौशल को सुधार सकते हैं, अनुभव प्राप्त कर सकते हैं और अंततः अपने लक्ष्यों को प्राप्त कर सकते हैं।

निरंतर प्रयास की तकनीकें
Techniques of Continuous Effort

1. **योजना बनाएं (Make a Plan)**: एक स्पष्ट योजना बनाएं जिसमें आपके लक्ष्यों तक पहुँचने के लिए आपको क्या करना है, यह निर्धारित हो। योजना में छोटे-छोटे कदम शामिल करें और हर दिन उन पर काम करें।

2. **धैर्य रखें (Be Patient)** : सफलता रातोंरात नहीं मिलती। निरंतर प्रयास करते रहें और धैर्य रखें। असफलताएँ आती हैं, लेकिन उन्हें एक सीख के रूप में लें और आगे बढ़ते रहें।

3. **प्रेरणा प्राप्त करें (Get Inspiration)** : खुद को प्रेरित रखने के लिए प्रेरक किताबें पढ़ें, सेमिनार अटेंड करें या उन लोगों के साथ समय बिताएं जो आपके लक्ष्य को समझते हैं और आपकी प्रगति में मदद कर सकते हैं।

कहानी: संजीव का निरंतर प्रयास
Story: Sanjeev's Continuous Efforts

संजीव एक युवा उद्यमी था जिसका सपना एक सफल व्यवसाय शुरू करने का था। हालांकि, उसने कई बार अपने व्यवसाय को शुरू करने की कोशिश की, लेकिन हर बार उसे असफलता का सामना करना पड़ा। इसके बावजूद, उसने निरंतर प्रयास करना नहीं छोड़ा।

लक्ष्यों को स्पष्ट करना और योजना बनाना
Clarifying Goals and Planning

संजीव ने सबसे पहले अपने लक्ष्यों को स्पष्ट किया। उसने तय किया कि वह एक ऐसे व्यवसाय की शुरुआत करेगा जिसे वह सच्चे दिल से पसंद करता है। उसने एक विस्तृत योजना बनाई जिसमें उसके व्यवसाय की प्रत्येक चरण की जानकारी थी। उसने योजना में छोटे-छोटे लक्ष्य निर्धारित किए और उन्हें पूरा करने के लिए एक टाइमलाइन बनाई।

समय प्रबंधन और धैर्य
Time Management and Patience

संजीव ने अपने समय का सही प्रबंधन करना शुरू किया। उसने रोजाना काम की एक सूची बनाई और उसे प्राथमिकता के अनुसार पूरा किया। उसने अपने लक्ष्य को प्राप्त करने के लिए धैर्य रखा और असफलताओं को एक सीख के रूप में लिया।

सकारात्मक सोच और निरंतर प्रयास
Positive Thinking and Continuous Efforts

संजीव ने हमेशा सकारात्मक सोच बनाए रखी। उसने कभी भी अपनी असफलताओं से निराश होकर अपना काम करना नहीं छोड़ा और निरंतर प्रयास करता रहा। उसके सकारात्मक दृष्टिकोण और मेहनत ने उसे सफलता की राह पर आगे बढ़ाया।

सफलता की प्राप्ति
Achieving Success

संजीव की निरंतर मेहनत और प्रयास रंग लाए। उसने एक सफल व्यवसाय शुरू किया और उसे अपने लक्ष्यों की प्राप्ति हुई। उसकी कहानी हमें यह सिखाती है कि निरंतर प्रयास और धैर्य से हम किसी भी मुश्किल को पार कर सकते हैं और अपनी मंजिल तक पहुँच सकते हैं।

निष्कर्ष
Conclusion

निरंतर प्रयास करना सफलता की कुंजी है। यह हमें असफलताओं से निराश नहीं होने और लगातार आगे बढ़ने की प्रेरणा देता है। संजीव की कहानी से यह स्पष्ट होता है कि निरंतर मेहनत और सकारात्मक सोच से हम किसी भी लक्ष्य को प्राप्त कर सकते हैं। इसलिए, हमेशा प्रयास करते रहें और अपनी मंजिल की ओर बढ़ते रहें।

Chapter 6

आत्म-विश्वास बनाए रखें

Maintain Self-Confidence

"माना कि मुश्किल बहोत है

बुलंदी के सफर में

गर आसां होता

तो भीड़ बहोत होती"

आत्म-विश्वास बनाए रखें
Maintain Self-Confidence

आत्म-विश्वास हमारी ज़िन्दगी का ज़रूरी हिस्सा है। यह हमें मुश्किलों में मजबूती और धैर्य प्रदान करता है और हमें अपने लक्ष्यों को प्राप्त करने की दिशा में प्रेरित करता है। आत्म-विश्वास बनाए रखने से हम अपने सपनों को पूरा कर सकते हैं और जीवन की चुनौतियों का सामना कर सकते हैं।

आत्म-विश्वास का महत्व
Importance of Self-Confidence

जब हम अपने आप पर विश्वास करते हैं, तो हम अपनी क्षमताओं को पहचान सकते हैं और अपने सपने को साकार कर सकते हैं। आत्म-विश्वास हमें नकारात्मक विचारों और आत्म-संकोच को पार करने में मदद करता है और हमें सकारात्मक दृष्टिकोण बनाए रखने में सहायता करता है। यह न सिर्फ हमारे व्यक्तिगत जीवन को बेहतर बनाता है, बल्कि हमारे पेशेवर जीवन में भी सफलता की संभावनाओं को बढ़ाता है।

आत्म-विश्वास बनाए रखने की तकनीकें
Techniques to Maintain Self-Confidence

1. **स्वयं की तारीफ करें (Praise Yourself):** अपने छोटे-छोटे सफलताओं की सराहना करें और खुद को प्रोत्साहित करें। जब आप अपने प्रयासों को मान्यता देते हैं, तो यह आपके आत्म-विश्वास को बढ़ाता है।

2. **स्वयं की क्षमताओं को पहचानें (Recognize Your Own Abilities)**: अपनी ताकत और क्षमताओं को पहचानें और उनका उपयोग करें। जब आप अपनी क्षमताओं को समझते हैं और उनका सही तरीके से उपयोग करते हैं, तो यह आपके आत्म-विश्वास को बढ़ाता है।

3. **सफलताओं का रिकॉर्ड रखें (Keep Records of Successes)** : अपनी उपलब्धियों और सफलताओं का एक रिकॉर्ड बनाए रखें। जब आप अपनी सफलता को देखते हैं, तो यह आपके आत्म-विश्वास को बढ़ाता है और आपको प्रेरित करता है।

4. **फीडबैक प्राप्त करें (Get Feedback)** : अपने काम और प्रयासों पर फीडबैक प्राप्त करें। यह आपको अपने सुधार की दिशा को समझने में मदद करता है और आत्म-विश्वास को बनाए रखने में सहायक होता है।

5. **आत्म-संवाद करें (Do Self-Communicate)** : खुद से बात करते समय सकारात्मक शब्दों का उपयोग करें और अपने आप को प्रोत्साहित करें। यह आपके आत्म-विश्वास को मजबूत करने में मदद करता है।

कहानी: अमन की आत्म-विश्वास की यात्रा
Story: Aman's Journey to Self-Confidence

अमन एक युवा था जो अपनी नई नौकरी में आत्म-विश्वास की कमी महसूस कर रहा था। उसे अपनी क्षमताओं पर पूरा विश्वास नहीं था और वह अक्सर खुद को असमर्थ मानता था।

आत्म-विश्वास की शुरुआत
Beginning of Self-Confidence

अमन ने आत्म-विश्वास बढ़ाने के लिए ठान लिया। उसने अपने छोटे-छोटे सफलताओं को पहचानना शुरू किया और अपने प्रयासों की सराहना की। उसने महसूस किया कि उसकी मेहनत और लगन ने उसे कई छोटी-छोटी सफलताओं तक पहुँचाया है।

सकारात्मक सोच अपनाना
Adopt Positive Thinking

अमन ने सकारात्मक सोच अपनाना शुरू किया। उसने नकारात्मक विचारों को हटाया और सकारात्मक परिणामों पर ध्यान केंद्रित किया। जब उसने सकारात्मक दृष्टिकोण अपनाया, तो उसका आत्म-विश्वास धीरे-धीरे बढ़ने लगा।

स्वयं की क्षमताओं को पहचानना
Recognizing Own Abilities

अमन ने अपनी क्षमताओं को पहचानना शुरू किया और उनका उपयोग करना सीखा। उसने अपने कौशल और ताकत को समझा और उन्हें अपने काम में लागू किया। इससे उसकी आत्म-विश्वास में और भी वृद्धि हुई।

सफलताओं का रिकॉर्ड रखना
Record Successes

अमन ने अपनी सफलताओं का एक रिकॉर्ड बनाना शुरू किया। उसने अपनी उपलब्धियों को देखा और महसूस किया कि उसकी मेहनत रंग लाई है। यह देखकर उसका आत्म-विश्वास बढ़ा और उसे आगे बढ़ने की प्रेरणा मिली।

फीडबैक और आत्म-संवाद
Feedback and Self-Talk

अमन ने अपने काम पर फीडबैक प्राप्त किया और सकारात्मक आत्म-संवाद रखा। उसने अपने सुधार के क्षेत्रों को पहचाना और सकारात्मक शब्दों से खुद को प्रोत्साहित किया।

सफलता की प्राप्ति
Achieving Success

अमन की मेहनत और आत्म-विश्वास की यात्रा ने उसे अपने पेशेवर जीवन में सफलता दिलाई। उसने अपनी क्षमताओं

को पहचानकर और आत्म-विश्वास को बनाए रखकर अपने लक्ष्यों को प्राप्त किया।

निष्कर्ष
Conclusion

आत्म-विश्वास बनाए रखना सफलता की दिशा में एक महत्वपूर्ण कदम है। यह हमें अपने लक्ष्यों को प्राप्त करने में मदद करता है और जीवन की चुनौतियों का सामना करने की क्षमता देता है। अमन की कहानी से यह स्पष्ट होता है कि आत्म-विश्वास को बनाए रखने से हम अपने जीवन में सकारात्मक बदलाव ला सकते हैं और सफलता प्राप्त कर सकते हैं। इसलिए, आत्म-विश्वास बनाए रखें और अपने सपनों को साकार करें।

Chapter
7

लचीलापन बनाए रखें
Maintain Flexibility

"मंज़िल तक पहुंचने के

एक से ज्यादा रास्ते हो सकते है

अगर आपको ये एहसास हो जाये

कि आप जिस रास्ते पर चल रहे है

वह आपको मंज़िल कि तरफ नहीं

बल्कि उससे दूर ले जा रहा है

आप फ़ौरन रास्ता बदल लीजिये"

लचीलापन बनाए रखें
Maintain Flexibility

लचीलापन, या फ्लेक्सिबिलिटी, जीवन में सफलता और संतुलन बनाए रखने के लिए एक महत्वपूर्ण गुण है। आज की तेज़ी से बदलती दुनिया में, जहां परिस्थितियाँ कभी भी बदल सकती हैं, लचीलापन हमें नए हालात के साथ ढलने की क्षमता देता है। यह हमें न सिर्फ मुश्किल हालत का सामना करने में मदद करता है, बल्कि हमारे आत्मविश्वास और को भी बनाए रखता है।

लचीलापन का महत्व
Importance of Flexibility

लचीलापन का मतलब सिर्फ बदलाव के प्रति सकारात्मक नजरिया रखना नहीं है, बल्कि इसका मतलब है कि आप बदलाव की स्थितियों में खुद को ढाल सकते हैं और उन परिस्थितियों का सामना करने के लिए तैयार रह सकते हैं। जब हम लचीले होते हैं, तो हम बेहतर तरीके से अनिश्चितताओं और चुनौतियों का सामना कर सकते हैं। इससे हमें अपनी समस्याओं को अधिक प्रभावी ढंग से हल करने की क्षमता मिलती है और हम मानसिक रूप से भी स्वस्थ रहते हैं।

लचीलापन बनाए रखने के उपाय
Ways to maintain Flexibility

1. **खुद को स्वीकारें (Accept Yourself):** अपनी कमजोरियों और ताकतों को स्वीकार करना लचीलापन का एक महत्वपूर्ण हिस्सा है। जब आप खुद को समझते हैं, तो आप अपनी कमजोरियों को सुधार सकते हैं और अपनी ताकत का सही इस्तेमाल कर सकते हैं।

2. **बदलाव को स्वीकारें (Accept Change):** जीवन में बदलाव हमेशा होते हैं। जब आप बदलाव को एक चुनौती के रूप में देखते हैं और इसे स्वीकार करते हैं, तो आप नए अवसरों को पहचान सकते हैं और खुद को इन बदलावो के अनुसार ढाल सकते हैं।

3. **लक्ष्यों को पुनः निर्धारित करें (Reset Goals):** जब परिस्थितियाँ बदलती हैं, तो अपने लक्ष्यों को पुनः निर्धारित करना आवश्यक होता है। यह आपको यह सुनिश्चित करने में मदद करता है कि आप अपने नए हालात के अनुसार सही दिशा में काम कर रहे हैं।

4. **समर्थन प्राप्त करें (Get Support) :** परिवार, दोस्तों और पेशेवरों से समर्थन प्राप्त करना भी महत्वपूर्ण है। जब आप मुश्किल दौर का सामना करते हैं, तो दूसरों का समर्थन आपको प्रेरित और सकारात्मक बनाए रख सकता है।

5. **आत्म-संवेदनशीलता (Self-Sensitivity) :** अपने आप को जानना और अपनी भावनाओं को समझना भी लचीलापन का हिस्सा है। जब आप अपने भावनात्मक

प्रतिक्रियाओं को समझते हैं, तो आप बेहतर तरीके से स्थिति को संभाल सकते हैं।

6. **समाधान पर ध्यान दें** (Focus on Solutions) : समस्याओं पर ध्यान केंद्रित करने के बजाय समाधान पर ध्यान दें। यह मानसिक रूप से आपको सकारात्मक बनाए रखता है और आपको समस्याओं का सामना करने में मदद करता है।

कहानी: अनिल के लचीलेपन की यात्रा
Story: Anil's Journey of Resilience

अनिल एक सफल उद्यमी था जो अपने व्यवसाय को नई ऊँचाइयों तक ले जाना चाहता था। लेकिन एक दिन, उसकी कंपनी को अचानक एक बड़ी आर्थिक संकट का सामना करना पड़ा। अनिल को महसूस हुआ कि उसे अपने व्यवसाय के साथ-साथ व्यक्तिगत जीवन में भी लचीलापन बनाए रखने की जरूरत है।

खुद को स्वीकारना और बदलाव को अपनाना
Accepting Yourself and Embracing Change

अनिल ने सबसे पहले अपने हालात को स्वीकार किया और अपने व्यवसाय की समस्याओं को पूरी तरह से समझने की कोशिश की। उसने बदलाव को एक अवसर के रूप में देखा और अपनी रणनीतियों को बदलने का निर्णय लिया।

लक्ष्यों का पुनर्निर्धारण और समय प्रबंधन
Resetting Goals and Time Management

अनिल ने अपने लक्ष्यों को पुनः निर्धारित किया और एक नई योजना बनाई। उसने अपने समय को सही तरीके से प्रबंधित किया और प्राथमिकताओं को तय किया। इसके लिए उसने एक नई समय सारणी बनाई और अपने महत्वपूर्ण कार्यों को प्राथमिकता दी।

स्वास्थ्य और समर्थन प्राप्त करना
Getting Health and Support

अनिल ने अपने शारीरिक और मानसिक स्वास्थ्य का ध्यान रखना शुरू किया। उसने नियमित व्यायाम और सही आहार अपनाया। इसके अलावा, उसने अपने परिवार और दोस्तों से समर्थन प्राप्त किया और उनकी सलाह ली।

समाधान पर ध्यान केंद्रित करना
Focus on Solutions

अनिल ने समस्याओं के बजाय समाधान पर ध्यान केंद्रित किया। उसने नई रणनीतियाँ और योजनाएँ बनाई और अपने व्यवसाय को मुश्किल से बाहर निकालने के लिए कड़ी मेहनत की।

सफलता की प्राप्ति
Achieving Success

अनिल की लचीलापन और नई योजनाओं ने उसके व्यवसाय को संकट से बाहर निकाला। उसने अपने व्यवसाय को फिर से संभाला और उसे नई ऊँचाइयों तक पहुँचाया। उसकी कहानी यह सिखाती है कि लचीलापन बनाए रखना न केवल समस्याओं का सामना करने में मदद करता है, बल्कि सफलता की ओर एक महत्वपूर्ण कदम है।

निष्कर्ष
Conclusion

लचीलापन बनाए रखना सफलता और संतुलन बनाए रखने के लिए एक महत्वपूर्ण गुण है। यह हमें बदलती परिस्थितियों के साथ तालमेल बिठाने और समस्याओं का सामना करने में मदद करता है। अनिल की कहानी से यह स्पष्ट होता है कि लचीलापन से हम न सिर्फ अपनी समस्याओं को हल कर सकते हैं, बल्कि अपने जीवन में सफलता भी प्राप्त कर सकते हैं। इसलिए, लचीलापन बनाए रखें और जीवन की चुनौतियों का सामना सकारात्मक दृष्टिकोण के साथ करें।

Chapter 8

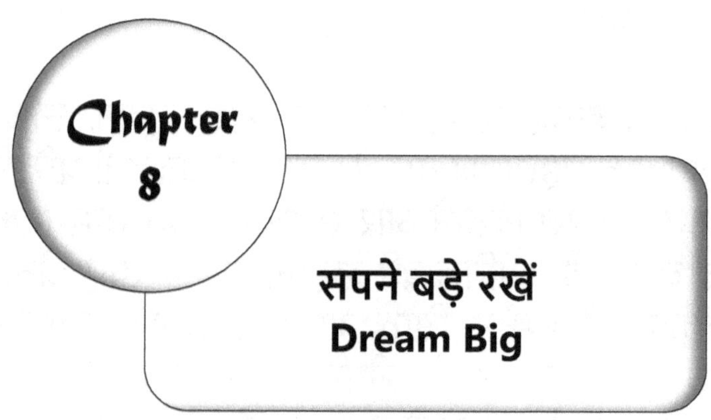

"सपने हमेशा बड़े देखिये

क्योकि जब

आप उन सपनो को पूरा करेंगे

तो कुछ बड़ा हासिल करेंगे "

सपने बड़े रखें
Dream Big

सपने बड़े रखना हमारी सफलता और व्यक्तिगत विकास के लिए एक महत्वपूर्ण पहलू है। जब हम बड़े सपने देखते हैं, तो हम अपनी पूरी क्षमता को पहचानते हैं और अपनी जिंदगी में बड़े लक्ष्यों की ओर बढ़ने की प्रेरणा प्राप्त करते हैं। बड़े सपने हमें चुनौती देते हैं, हमें मेहनत करने की प्रेरणा देते हैं और हमें जीवन में उच्चतम लक्ष्यों की ओर ले जाते हैं।

बड़े सपनों का महत्व
Importance of Big Dreams

जब हम बड़े लक्ष्यों हासिल करने के लिए काम करते हैं, तो हम अपनी ऊर्जा और प्रयास को सही दिशा में लगाते हैं। बड़े सपने हमें आत्म-विश्वास और प्रेरणा प्रदान करते हैं, जो हमें मुश्किलों और असफलताओं का सामना करने में मदद करते है। इसके अलावा, बड़े सपने हमें नई ऊँचाइयों को छूने के लिए प्रेरित करते हैं और हमें अपनी पूरी क्षमता को उजागर करने का मौका देते हैं।

बड़े सपनों को साकार करने के उपाय
Ways To Make Big Dreams Come True

1. **स्पष्ट लक्ष्य निर्धारित करें (Set Clear Goals)** : अपने बड़े सपनों को साकार करने के लिए सबसे पहले, आपको अपने लक्ष्यों को स्पष्ट रूप से पहचानना होगा। यह जानना जरूरी है कि आप

किस दिशा में जाना चाहते हैं और आपका उद्देश्य क्या है। स्पष्ट लक्ष्य आपके मार्गदर्शन में मदद करेंगे और आपको अपनी दिशा को सही तरीके से समझने में सहायता करेंगे।

2. **योजना बनाएं (Make a Plan)** : एक बार जब आपके लक्ष्यों को स्पष्ट कर लें, तो उनके लिए एक ठोस योजना बनाएं। योजना में उन सभी कदमों को शामिल करें जो आपको अपने सपनों को पूरा करने के लिए उठाने होंगे। इसमें समय सीमा, संसाधन और प्रयास की आवश्यकताओं का भी उल्लेख करें।

3. **लगातार मेहनत करें (Work Hard Continuously)**: बड़े सपनों को साकार करने के लिए लगातार मेहनत और दृढ़ता की आवश्यकता होती है। हर दिन छोटे-छोटे कदम उठाते रहें और अपने लक्ष्यों की ओर बढ़ते रहें। मेहनत करने से ही आपको अपने सपनों को वास्तविकता में बदलने का मौका मिलेगा।

4. **आत्म-प्रेरणा बनाए रखें (Maintain Self-Motivation)** : अपने सपनों को साकार करने के लिए आत्म-प्रेरणा बनाए रखना बहुत जरूरी है। अपने लक्ष्यों की ओर काम करते समय खुद को प्रेरित रखें और सकारात्मक सोच बनाए रखें। कठिनाइयों और असफलताओं से घबराएं नहीं, बल्कि उन्हें एक सीखने का मौका समझें।

कहानी : मोहन की सफलता की यात्रा
Story : Mohan's Journey to Success

मोहन एक छोटे गांव में रहने वाला युवा था जिसकी आंखों में बड़े सपने थे। वह हमेशा चाहता था कि एक दिन वह अपने गांव का नाम रोशन करे और एक सफल उद्यमी बने। हालांकि, उसके पास सीमित संसाधन थे, लेकिन उसके सपने बड़े थे और उसने उन्हें साकार करने का द्दढ़ संकल्प किया।

स्पष्ट लक्ष्य निर्धारण
Clear Goal Setting

मोहन ने सबसे पहले अपने सपनों को स्पष्ट किया। उसने तय किया कि वह अपने गांव में एक ऐसा व्यवसाय शुरू करेगा जो स्थानीय लोगों की समस्याओं का समाधान करे और उन्हें रोजगार के अवसर प्रदान करे। उसने अपने सपनों को एक स्पष्ट लक्ष्य में बदलने के लिए एक योजना बनाई।

योजना और मेहनत
Planning and Hard Work

मोहन ने अपनी योजना के अनुसार काम करना शुरू किया। उसने व्यवसाय की योजना बनाई, स्थानीय बाजार का अध्ययन किया और आवश्यक संसाधनों को जुटाने की कोशिश की। उसने दिन-रात मेहनत की और धीरे-धीरे अपने सपनों को साकार करने के लिए कदम उठाए। उसने

स्थानीय लोगों से सहायता प्राप्त की और उनके साथ मिलकर काम किया।

आत्म-प्रेरणा
Self-Motivation

मोहन के रास्ते में कई मुश्किलें आईं, लेकिन उसने कभी हार नहीं मानी। उसने आत्म-प्रेरणा बनाए रखी और अपने सपनों की ओर निरंतर बढ़ता रहा। उसने असफलताओं को सीखने का अवसर समझा और अपनी योजनाओं में सुधार किया।

सफलता की प्राप्ति
Achieving Success

मोहन की मेहनत और दृढ़ता ने रंग लाया। उसने अपने गांव में एक सफल व्यवसाय स्थापित किया, जिससे स्थानीय लोगों को रोजगार मिला और गांव का नाम रोशन हुआ। मोहन की कहानी हमें यह सिखाती है कि बड़े सपने देखने और उन्हें साकार करने के लिए मेहनत और दृढ़ता की आवश्यकता होती है।

निष्कर्ष
Conclusion

बड़े सपने देखने और उन्हें साकार करने का महत्व समझना बहुत जरूरी है। बड़े सपने हमें हमारी पूरी क्षमता को पहचानने का अवसर देते हैं और हमें सफलता की ओर ले जाते हैं। मोहन की कहानी से यह स्पष्ट होता है कि सपने बड़े

रखें और उन्हें साकार करने के लिए योजनाबद्ध तरीके से काम करें। अपने सपनों को साकार करने के लिए मेहनत, आत्म-प्रेरणा और सही समय प्रबंधन के साथ काम करें, और अपने जीवन में सफलता प्राप्त करें।

फीडबैक लें
Take Feedback

"कई बार हम अपनी ग़लतियो

और कमियों को नहीं देख पाते

तो ये बेहतर होता है

कि आप दुसरो कि नज़र से देखे

और उसमे सुधार करें"

फीडबैक लें
Take Feedback

फीडबैक लेना किसी भी कार्य में सुधार और विकास के लिए एक महत्वपूर्ण प्रक्रिया है। चाहे आप एक पेशेवर हों, छात्र हों, या किसी अन्य क्षेत्र में काम कर रहे हों, फीडबैक आपकी क्षमताओं को सुधारने और अपने काम की गुणवत्ता को बढ़ाने में मदद करता है। सही फीडबैक से आप अपनी कमजोरियों को पहचान सकते हैं और उन्हें बेहतर तरीके से सुधार सकते हैं।

फीडबैक का महत्व
Importance of Feedback

फीडबैक हमें अपने कार्यों की समीक्षा करने का एक मौका देता है। जब हमें किसी और से प्रतिक्रिया मिलती है, तो हम अपने काम की कमी और सुधार की दिशा को बेहतर तरीके से समझ सकते हैं। फीडबैक हमें यह जानने में मदद करता है कि हम किस दिशा में जा रहे हैं और हमें किस क्षेत्र में सुधार की जरूरत है।

फीडबैक प्राप्त करने की तकनीकें
Techniques For Obtaining Feedback

1. **स्पष्टता से पूछें (Ask Clearly)** : फीडबैक प्राप्त करने के लिए, पहले यह सुनिश्चित करें कि आप क्या जानना चाहते हैं। अपने सवालों को स्पष्ट रूप से पूछें, ताकि आपको सही और सटीक उत्तर मिल

सके। उदाहरण के लिए, "क्या इस प्रोजेक्ट में कोई खास सुधार की जरूरत है?" या "क्या मेरे प्रस्तुति में कोई कमी थी?"

2. **सकारात्मक दृष्टिकोण अपनाएँ (Adopt a Positive Attitude)** : फीडबैक को एक अवसर के रूप में देखें, न कि आलोचना के रूप में। सकारात्मक दृष्टिकोण अपनाकर आप बेहतर तरीके से फीडबैक को समझ सकते हैं और सुधार के लिए प्रेरित हो सकते हैं।

3. **सुनने की आदत डालें (Get into the Habit of Listening)** : जब आप फीडबैक प्राप्त करें, तो ध्यान से सुनें और समझें कि क्या कहा जा रहा है। कभी-कभी फीडबैक देने वाला व्यक्ति आपको वह बात समझाता है जो शायद आपकी नज़रो से छूट गयी होती है।

4. **फीडबैक को रिकॉर्ड करें (Record Feedback)**: फीडबैक प्राप्त करते समय उसे लिख लें या रिकॉर्ड करें। इससे आप बाद में उस फीडबैक को याद कर सकते हैं और सुधार के लिए एक योजना बना सकते हैं।

5. **प्रतिक्रिया पर अमल करें (Act on Feedback)** : फीडबैक लेने के बाद, उसकी समीक्षा करें और सुधार के लिए एक ठोस योजना बनाएं। फीडबैक के आधार पर अपने काम में सुधार करें और यह

सुनिश्चित करें कि आप भविष्य में वही गलतियाँ न करें।

6. **फीडबैक देने वाले से संवाद करें (Communicate with the person giving Feedback)** : यदि फीडबैक स्पष्ट नहीं है या आपको समझ में नहीं आ रहा है, तो फीडबैक देने वाले से और जानकारी प्राप्त करें। इससे आप बेहतर समझ सकते हैं और सही तरीके से सुधार कर सकते हैं।

कहानी: राज की फीडबैक के साथ यात्रा
Story: Raj's Journey with Feedback

राज एक युवा पेशेवर था जो अपनी नौकरी में उत्कृष्टता प्राप्त करना चाहता था। वह अपने काम में मेहनत तो करता था, लेकिन कई बार उसे लगता था कि उसके प्रयासों का परिणाम उतना अच्छा नहीं आ रहा जितना उसे उम्मीद थी। उसने महसूस किया कि उसे अपने काम में सुधार करने की जरूरत है और इसके लिए फीडबैक लेना एक अच्छा तरीका हो सकता है।

फीडबैक की शुरुआत
Start of Feedback

राज ने सबसे पहले अपने काम की समीक्षा करने के लिए अपने बॉस और सहयोगियों से फीडबैक लेना शुरू किया। उसने अपने काम के विभिन्न पहलुओं के बारे में सवाल किए,

जैसे कि प्रस्तुति की गुणवत्ता, रिपोर्ट्स की स्पष्टता, और टीम के साथ सहयोग। उसने फीडबैक को सकारात्मक तरीके से लिया और उसे सुधार के अवसर के रूप में देखा।

सकारात्मक दृष्टिकोण और सुनने की आदत
Positive Attitude and Habit of Listening

राज ने फीडबैक को ध्यान से सुना और उसे सकारात्मक नज़रिये से लिया। उसने यह समझा कि फीडबैक उसे सुधारने के लिए दी जा रही है, न कि उसे आलोचना करने के लिए। उसने अपने काम की कमजोरी को पहचानने की कोशिश की और समझने की कोशिश की कि उसे कहाँ सुधार की जरूरत है।

फीडबैक को रिकॉर्ड करना और अमल करना
Recording and Implementing Feedback

राज ने फीडबैक को लिख लिया और उसे अपने सुधार की योजना में शामिल किया। उसने सभी फीडबैक पॉइंट को नोट किया और अपने काम में सुधार के लिए एक अच्छी योजना बनाई। उसने अपनी रिपोर्ट्स को और स्पष्ट बनाने की कोशिश की, प्रस्तुति की गुणवत्ता को सुधारने के लिए अतिरिक्त समय दिया, और टीम के साथ बेहतर संवाद बनाने की दिशा में काम किया।

संचार और संवाद
Communication and Dialogue

राज ने फीडबैक देने वाले से और अधिक जानकारी प्राप्त करने के लिए संवाद किया। यदि उसे किसी फीडबैक का सही मतलब समझ में नहीं आया, तो उसने स्पष्टीकरण माँगा और बेहतर समझ के लिए और सवाल पूछे। इससे उसे फीडबैक को सही तरीके से समझने और लागू करने में मदद मिली।

सफलता की प्राप्ति
Achieving Success

राज ने अपने काम में सुधार की प्रक्रिया को अपनाया और परिणामस्वरूप उसकी प्रदर्शन में सुधार हुआ। उसके बॉस और सहयोगियों ने उसकी मेहनत और सुधार की सराहना की। राज की कहानी हमें यह सिखाती है कि सही तरीके से

फीडबैक लेने और उसे सुधार के लिए लागू करने से हम अपने कार्यक्षमता को बेहतर बना सकते हैं और सफलता की ओर बढ़ सकते हैं।

निष्कर्ष
Conclusion

फीडबैक लेना एक महत्वपूर्ण प्रक्रिया है जो हमें अपने काम में सुधार करने का मौका देती है। यह हमें अपनी कमजोरियों को पहचानने और उन्हें सुधारने में मदद करता है। राज की कहानी से यह साबित होता है कि फीडबैक को सकारात्मक नज़रिये से लेने और उसे सही तरीके से लागू करने से हम अपने पेशेवर और व्यक्तिगत जीवन में प्रगति कर सकते हैं। इसलिए, फीडबैक लें, उसे समझें और अपने विकास की दिशा में एक महत्वपूर्ण कदम बढ़ाएँ।

Chapter 10

समस्या सुलझाने की क्षमता
Problem Solving Ability

"मुश्किलें सबकी ज़िन्दगी में आती है

आप उनसे डर कर भाग जाते है

या उनका सामना करके उन्हें हल करते है

यह आप पर निर्भर करता है"

समस्या सुलझाने की क्षमता
Problem Solving Ability

समस्या सुलझाने की क्षमता किसी भी व्यक्ति के जीवन का एक महत्वपूर्ण हिस्सा है। यह हमें मुश्किल हालत और चुनौतियों का सामना करने में मदद करती है। जब हम समस्याओं का सही ढंग से समाधान कर पाते हैं, तो हम न केवल अपनी व्यक्तिगत और पेशेवर जिंदगी को बेहतर बनाते हैं, बल्कि आत्म-विश्वास भी बढ़ता हैं। समस्या सुलझाने की क्षमता हमें जीवन की अनिश्चितताओं का सामना करने में और सफलतापूर्वक अपने लक्ष्यों को हासिल करने में मदद करती है।

समस्या सुलझाने की क्षमता का महत्व
Importance of Problem Solving Ability

जब हम समस्याओं को सही तरीके से सुलझाते हैं, तो हम न केवल समय और संसाधनों की बचत करते हैं, बल्कि बेहतर निर्णय भी ले पाते हैं। यह क्षमता हमें सोचने, योजना बनाने और सही दिशा में कदम उठाने की योग्यता देती है। इसके अलावा, समस्या सुलझाने की क्षमता हमें तनाव को कम करने और जीवन में संतुलन बनाए रखने में भी मदद करती है।

समस्या सुलझाने की प्रक्रिया
Problem Solving Process

समस्या सुलझाने की प्रक्रिया में निम्नलिखित चरण शामिल होते हैं:

1. **समस्या की पहचान (Identification of The Problem)** : सबसे पहले, यह जरूरी है कि आप समस्या को सही तरीके से समझें और पहचानें। बिना सही समस्या की पहचान किए, समाधान ढूंढना मुश्किल हो सकता है। समस्या को स्पष्ट रूप से परिभाषित करें और यह समझें कि समस्या का मुख्य कारण क्या है।

2. **समाधान के विकल्पों की खोज (Exploring Solution Options)** : एक बार समस्या को पहचान लेने के बाद, इसके समाधान के लिए विभिन्न विकल्पों की खोज करें। विचार करें कि कौन-कौन से तरीके और संसाधन उपलब्ध हैं जिनका उपयोग समस्या को सुलझाने के लिए किया जा सकता है।

3. **विकल्पों का मूल्यांकन (Evaluation of Alternatives)** : विभिन्न समाधान के विकल्पों का मूल्यांकन करें। सोचें कि कौन सा विकल्प सबसे बेहतर और व्यावहारिक हो सकता है। इसके लिए आप लागत, समय, और संसाधनों की समीक्षा कर सकते हैं।

4. **समाधान का चयन (Selection of Solution)** : सबसे अच्छा विकल्प चुनें और उसे लागू करने की

योजना बनाएं। यह सुनिश्चित करें कि आपके चयनित समाधान के फायदे ज्यादा हैं और इससे संभावित समस्याएं कम होंगी।

5. **समाधान लागू करें (Apply the Solution)** : चुने हुए समाधान को लागू करें। इस दौरान, यह सुनिश्चित करें कि सभी पहलुओं पर ध्यान दिया गया है और समाधान सही तरीके से लागु हो रहा है।

6. **प्रगति की निगरानी (Progress Monitoring)**: समाधान को लागू करने के बाद, इसकी प्रगति की निगरानी करें। देखें कि समस्या का समाधान हो रहा है या नहीं और क्या किसी सुधार की आवश्यकता है।

7. **फीडबैक और सुधार (Feedback and Improvement)** : समस्या सुलझाने की प्रक्रिया के बाद, परिणामों का मूल्यांकन करें और यदि आवश्यक हो तो सुधार करें। फीडबैक प्राप्त करें और देखें कि क्या समाधान प्रभावी था और भविष्य में क्या बेहतर किया जा सकता है।

कहानी : राज की समस्या सुलझाने की यात्रा
Story : Raj's Problem-Solving Journey

राज एक छोटे व्यवसाय का मालिक था जो अपने काम में कई समस्याओं का सामना कर रहा था। उसके व्यवसाय में

लगातार ग्राहक कम हो रहे थे और वह समझ नहीं पा रहा था कि इसका कारण क्या है।

समस्या की पहचान
Problem Identification

राज ने सबसे पहले समस्या की पहचान की। उसने देखा कि उसके ग्राहकों की संख्या कम हो रही है, और उसके पास सही डेटा नहीं था कि क्यों ऐसा हो रहा है। उसने ग्राहकों से फीडबैक प्राप्त किया और यह पाया कि उनके उत्पादों की गुणवत्ता में कमी आ गई थी और ग्राहक सेवा भी संतोषजनक नहीं थी।

विकल्पों की खोज
Exploring Options

राज ने समाधान के विभिन्न विकल्पों की खोज की। उसने सोचा कि वह उत्पाद की गुणवत्ता में सुधार कर सकता है, ग्राहक सेवा को बेहतर बना सकता है, या फिर अपने बिज़नेस की रणनीति को बदल सकता है।

विकल्पों का मूल्यांकन
Evaluation of Alternatives

राज ने इन सभी विकल्पों का मूल्यांकन किया। उसने देखा कि उत्पाद की गुणवत्ता में सुधार करना सबसे प्रभावी होगा क्योंकि इससे ग्राहक की संतुष्टि बढ़ेगी और उसकी बिक्री में सुधार होगा।

समाधान का चयन
Selection of Solution

राज ने निर्णय लिया कि वह अपने उत्पाद की गुणवत्ता को सुधारने पर ध्यान केंद्रित करेगा। उसकी दुकान के लिए जंहा से सामान आता था राज ने उनसे संपर्क किया और उच्च गुणवत्ता के सामग्री की व्यवस्था की। साथ ही, उसने अपने कर्मचारी प्रशिक्षण कार्यक्रम शुरू किए ताकि ग्राहक सेवा को बेहतर बनाया जा सके।

समाधान लागू करना
Implementing Solutions

राज ने अपने चुने हुए समाधान को लागू किया। उसने नए सप्लायर से सामान मंगवाना शुरू किया और अपने कर्मचारियों को ग्राहकों के साथ बेहतर तरीके से बातचीत करने के लिए ट्रेनिंग दी।

प्रगति की निगरानी
Progress Monitoring

समाधान को लागू करने के बाद, राज ने इसकी प्रगति की निगरानी की। उसने देखा कि ग्राहक संतुष्टि में सुधार हो रहा है और बिक्री भी बढ़ रही है।

फीडबैक और सुधार
Feedback and Improvement

राज ने ग्राहक फीडबैक एकत्र किया और सुनिश्चित किया कि समाधान प्रभावी था। उसने फीडबैक के आधार पर छोटे-छोटे सुधार किए और अपने व्यवसाय की गुणवत्ता को लगातार बनाए रखा।

निष्कर्ष
Conclusion

समस्या सुलझाने की क्षमता जीवन में एक महत्वपूर्ण कौशल है। यह हमें किसी भी चुनौती का सामना करने और उसे प्रभावी ढंग से हल करने में मदद करती है। राज की कहानी यह दिखाती है कि सही प्रक्रिया और सही समाधान से समस्याओं को सुलझाना संभव है। इसलिए, समस्याओं का सामना करते समय समस्या सुलझाने की क्षमता को विकसित करें और अपने जीवन को बेहतर बनाएं

Chapter 11

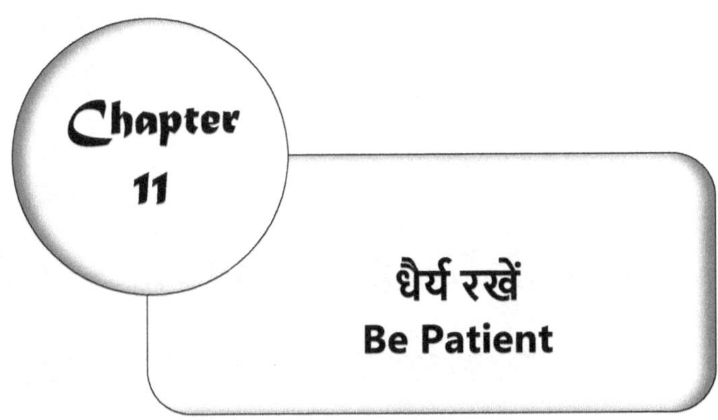

धैर्य रखें
Be Patient

"ज़िन्दगी में अच्छा बुरा दोनों वक़्त आता है

इस दौरान आपका धैर्य यह तय करता है

कि आप ज़िन्दगी में क्या हासिल करेंगे"

धैर्य रखें
Be Patient

धैर्य मुश्किल से मुश्किल समय को हैंडल करने का एक महत्वपूर्ण गुण है। चाहे हम किसी भी क्षेत्र में हों, धैर्य हमारे प्रयासों को साकार करने में मदद करता है और हमें कठिनाइयों को समझदारी से सुलझाने की क्षमता देता है। धैर्य रखने से हम अपनी समस्याओं और संघर्षों का सामना अधिक आत्मविश्वास और शांति के साथ कर सकते हैं।

धैर्य का महत्व
Importance of Patience

धैर्य रखने का सबसे बड़ा फायदा यह है कि यह हमें तनावपूर्ण परिस्थितियों में शांत रहने की क्षमता देता है। जब हम धैर्य रखते हैं, तो हम अपने उद्देश्यों की ओर लगातार बढ़ सकते हैं और किसी भी मुश्किल या विफलता को अवसर के रूप में देख सकते हैं। धैर्य हमें निराशा और चिंता से बचाता है और हमें अपने लक्ष्यों को प्राप्त करने के लिए एक स्थिर और व्यवस्थित नजरिया अपनाने में मदद करता है।

धैर्य बनाए रखने की तकनीकें
Patience Techniques

1. **लक्ष्यों को स्पष्ट रूप से जानें (Know The Goals Clearly)** : अपने लक्ष्यों को स्पष्ट रूप से समझना और उन्हें सही तरीके से निर्धारित करना महत्वपूर्ण है। जब आप जानते हैं कि आपका

अंतिम लक्ष्य क्या है, तो आप मुश्किल समय में भी धैर्य रख सकते हैं और अपनी दिशा पर कायम रह सकते हैं।

2. **सकारात्मक सोच बनाए रखें (Maintain Positive Thinking:)** : सकारात्मक सोच रखने से आपको चुनौतियों का सामना करने में मदद मिलती है। सकारात्मक नज़रिये से आप समस्याओं को अवसरों में बदल सकते हैं और अपने लक्ष्य की ओर बढ़ सकते हैं।

3. **छोटे-छोटे कदम उठाएं (Take Small Steps)** : बड़े लक्ष्यों को छोटे-छोटे हिस्सों में बाँटें और उन्हें एक-एक करके पूरा करें। छोटे-छोटे सफलताओं की ख़ुशी मानना आपके आत्मविश्वास को बढ़ाता है।

4. **सहायता प्राप्त करें (Get Support)** : कठिन समय में दोस्तों, परिवार, या मेंटर्स से सहायता प्राप्त करें। उनकी सलाह और समर्थन आपके धैर्य को बनाए रखने में सहायक हो सकते हैं।

कहानी: अजय का धैर्य और सफलता
Story: Ajay's Patience and Success

अजय एक युवा उद्यमी था जो एक नई कंपनी शुरू करना चाहता था। उसने अपने बिजनेस आइडिया के लिए बहुत मेहनत की और उसे पूरा करने की ठान ली। लेकिन

शुरुआत में ही उसे कई चुनौतियों का सामना करना पड़ा। बाजार में प्रतिस्पर्धा, वित्तीय समस्याएं, और टीम के साथ तालमेल बैठाने में कठिनाइयाँ आईं।

अजय ने धैर्य बनाए रखने का निर्णय लिया
Ajay Decided to Remain Patient

उसने अपने बिजनेस प्लान को पुनः देखा और अपनी रणनीतियों को सुधारने की कोशिश की। उसने अपनी टीम के साथ मिलकर समस्याओं का समाधान निकाला और नए तरीके अपनाए।

अजय ने सकारात्मक सोच बनाए रखी
Ajay Maintained Positive Thinking

उसने चुनौतियों को अवसर के रूप में देखा और अपनी मेहनत को जारी रखा। उसने खुद को निराश करने के बजाय, हर मुश्किल को एक नई सीख के रूप में स्वीकार किया।

अजय ने छोटे-छोटे कदम उठाने की योजना बनाई।
Ajay Planned to Take Small Steps

उसने अपने बड़े लक्ष्यों को छोटे हिस्सों में बाँटा और हर हिस्से पर ध्यान केंद्रित किया। इससे उसे अपने प्रगति को ट्रैक करने में मदद मिली और उसने छोटी-छोटी सफलताओं की ख़ुशी मनाना शुरू किया।

स्वस्थ जीवनशैली और समय प्रबंधन ने भी अजय की मदद की।

Healthy Lifestyle and Time Management also helped Ajay

उसने अपने दिनचर्या को व्यवस्थित किया और अच्छे स्वास्थ्य की ओर ध्यान दिया। इससे उसकी मानसिक स्थिति स्थिर रही और उसने धैर्य बनाए रखा।

सहायता प्राप्त करने के लिए, अजय ने अपने मेंटर्स और नेटवर्क का सहयोग लिया

To get Support, Ajay turned to his Mentors and Network

उनकी सलाह और समर्थन ने उसे प्रेरित किया और उसकी समस्याओं को सुलझाने में मदद की।

अजय की मेहनत और धैर्य ने रंग लाया। उसकी कंपनी ने धीरे-धीरे सफलता प्राप्त की और बाजार में अपनी जगह बनाई। उसकी कहानी यह सिखाती है कि धैर्य रखना और कठिनाइयों का सामना करने की क्षमता हमें सफलता की ओर ले जाती है।

निष्कर्ष

Conclusion

धैर्य रखना सफलता की कुंजी है। यह हमें कठिन समय में शांत रहने और अपने लक्ष्यों की ओर लगातार बढ़ने में मदद करता है। अजय की कहानी से यह स्पष्ट होता है कि धैर्य

और निरंतर प्रयास से हम अपने सपनों को पूरा कर सकते हैं। इसलिए, अपने जीवन में धैर्य बनाए रखें और कठिनाइयों का सामना सकारात्मक दृष्टिकोण से करें। यही आपकी सफलता की राह को आसान बनाएगा।

Chapter 12

उत्साह और जुनून बनाए रखें
Maintain Enthusiasm and Passion

"काम के प्रति अपना जूनून बनाये रखें

आपका काम अच्छा चल रहा हो, तब भी

बुरा चल रहा हो, तब भी

और नहीं चल रहा हो, तब भी"

उत्साह और जुनून बनाए रखें
Maintain Enthusiasm and Passion

ये गुण हमें कठिन परिस्थितियों में प्रेरित रखते हैं और हमारे लक्ष्यों को प्राप्त करने के लिए हमें निरंतर प्रयास करने की ऊर्जा प्रदान करते हैं। जब हम अपने काम के प्रति उत्साहित और जुनूनी होते हैं, तो हम न केवल बेहतर प्रदर्शन करते हैं, बल्कि अपने जीवन में भी सकारात्मक बदलाव ला सकते हैं।

उत्साह और जुनून का महत्व
Importance of Enthusiasm and Passion

उत्साह और जुनून काम की गुणवत्ता और सफलता में महत्वपूर्ण भूमिका निभाते हैं। जब हम किसी काम को पूरे उत्साह के साथ करते हैं, तो हमारा काम अधिक प्रभावी और प्रेरणादायक होता है। जुनून हमें मुश्किल समय में भी धैर्य बनाए रखने और अपने लक्ष्यों की दिशा में लगातार प्रयास करने की ताकत देता है। यह हमारे मनोबल को बनाए रखने में मदद करता है और हमें अपने सपनों को पूरा करने के लिए प्रेरित करता है।

उत्साह और जुनून बनाए रखने के तरीके
Ways to Maintain Enthusiasm and Passion

1. **लक्ष्य को छोटे हिस्सों में बांटें (Break the Goal Into Smaller Parts)** : बड़े लक्ष्यों को छोटे, प्रबंधनीय हिस्सों में बाँट दें। इससे आपको हर छोटी

सफलता पर उत्साहित होने का मौका मिलेगा और आपका जुनून बना रहेगा।

2. **प्रेरणादायक वातावरण बनाएं (Create an Inspiring Environment)** : अपने चारों ओर एक प्रेरणादायक वातावरण बनाएँ। अपने कार्य क्षेत्र को व्यवस्थित और प्रेरणादायक चीजों से सजाएँ जो आपको प्रेरित करें और आपका उत्साह बनाए रखें।

3. **सफलताओं की ख़ुशी मनाएं (Celebrate Successes)** : अपने छोटे-छोटे लक्ष्यों की प्राप्ति पर खुद को पुरस्कृत करें और अपने प्रयासों की सराहना करें। इससे आपका आत्मविश्वास बढ़ेगा और आपका जुनून कायम रहेगा।

4. **नई चीजों को अपनाएं (Embrace New Things)** : अपने काम में नई चुनौतियों और अनुभवों को अपनाएं। नए अनुभव और चुनौतियाँ आपके उत्साह को बनाए रखती हैं और आपको नई ऊर्जा देती हैं।

5. **सपोर्ट नेटवर्क बनाएं (Build a Support Network)** : अपने परिवार, दोस्तों और सहयोगियों के साथ एक मजबूत समर्थन नेटवर्क बनाएं। जब आपके पास लोगों का समर्थन होता है, तो आपका उत्साह और जुनून बनाए रखना आसान होता है।

कहानी: आमिर की यात्रा
Story : Aamir's Journey

आमिर एक युवा उद्यमी था जो एक नई कंपनी शुरू करने का सपना देख रहा था। उसने अपने व्यवसाय के लिए बहुत मेहनत की, लेकिन शुरुआती दिनों में उसे कई चुनौतियों का सामना करना पड़ा। उसके पास सीमित संसाधन थे और बहुत सी समस्याएँ थीं। लेकिन अमीर ने अपने उत्साह और जुनून को बनाए रखा।

स्पष्ट लक्ष्य और छोटे हिस्से
Clear Goals and Small Parts

आमिर ने सबसे पहले अपने व्यवसाय के लक्ष्यों को स्पष्ट रूप से निर्धारित किया। उसने बड़े लक्ष्यों को छोटे हिस्सों में बाँट दिया ताकि उसे हर छोटे लक्ष्य की प्राप्ति पर उत्साह मिले। इस योजना ने उसे प्रेरित किया और उसे निरंतर प्रयास करने की ऊर्जा दी।

प्रेरणादायक वातावरण
Inspiring Atmosphere

आमिर ने अपने कार्य क्षेत्र को प्रेरणादायक चीजों से सजाया और अपने स्वास्थ्य का भी ध्यान रखा।

सकारात्मक सोच और सफलताओं का उत्सव
Celebrating Positive Thinking and Successes

आमिर ने हमेशा सकारात्मक सोच रखी और समस्याओं को अवसर के रूप में देखा। उसने अपने छोटे-छोटे लक्ष्यों की प्राप्ति पर खुद को पुरस्कृत किया और हर छोटी सफलता का उत्सव मनाया। इससे उसका आत्मविश्वास बढ़ा और उसका जुनून कायम रहा।

नई चीजें और सपोर्ट नेटवर्क
New Innovations and Support Network

आमिर ने अपने व्यवसाय में नई चुनौतियों को अपनाया और नए विचारों को लागू किया। उसने अपने परिवार और दोस्तों से समर्थन प्राप्त किया और उनकी सलाह और प्रेरणा से लाभ उठाया। इस समर्थन ने उसे कठिन समय में भी उत्साहित रखा।

सफलता की प्राप्ति
Achieving Success

आमिर की मेहनत, उत्साह और जुनून ने उसे आखिर उसे सफलता दिलाई। उसकी कंपनी ने सफलता प्राप्त की और उसने अपने सपनों को साकार किया। उसकी यात्रा हमें यह सिखाती है कि उत्साह और जुनून बनाए रखना कितनी महत्वपूर्ण बात है और यह कैसे हमें सफलता की ओर ले जा सकता है।

निष्कर्ष
Conclusion

उत्साह और जुनून किसी भी कार्य में सफलता और संतोष प्राप्त करने के लिए आवश्यक हैं। ये गुण हमें मुश्किल समय में भी प्रेरित रखते हैं और हमें अपने लक्ष्यों की ओर निरंतर प्रयास करने की ताकत देते हैं। अमीर की कहानी से यह स्पष्ट होता है कि उत्साह और जुनून बनाए रखकर हम अपने जीवन में किसी भी चुनौती को पार कर सकते हैं और सफलता प्राप्त कर सकते हैं। इसलिए, अपने लक्ष्यों की ओर कदम बढ़ाते समय उत्साह और जुनून बनाए रखें और अपने सपनों को सच करें।

कुछ विचार जो आपको जीवन में प्रेरणा देंगे

"जिस चीज को आप चाहते हैं, उसमें असफल होना, जिस चीज को आप नहीं चाहते उसमें सफल होने से बेहतर है "

जॉर्ज बर्न्स

"बिना रुके, एक लक्ष्य का पालन करना,
यही सफलता का रहस्य है "

अन्ना पावलोवा

"मैंने सफलता के बारे में कभी सपना नहीं देखा। मैंने इसके लिए काम किया"

एस्टी लउडार

"मनुष्य कर्म से महान होता है, जन्म से नहीं"

आचार्य चाणक्य

"सपने वे नहीं, जो आप नींद में देखते हैं, सपने तो वे है, जो आपको सोने नहीं देते"

डॉ. एपीजे अब्दुल कलाम

"उठो जागो और लक्ष्य प्राप्ति तक मत रुको"

स्वामी विवेकानंद

"मैं असफल नहीं हुआ हूँ, मैंने बस 10,000 ऐसे तरीके ढूंढ़े हैं जो काम नहीं करते"

थॉमस एडिसन

"परिवर्तन कभी आसान नहीं होता, लेकिन हमेशा संभव होता है"

बराक ओबामा

"महान कार्य को करने का यही तरीका है कि आप उसे पसंद करें जो आप करना चाहते हैं"

स्टीव जॉब्स

"अगर आप सफल होना चाहते हो तो आपको अपने काम में एकाग्रता लानी होगी"

बिल गेट्स

"मैं अकेली हूं लेकिन फिर भी मैं हूं मैं सब कुछ नहीं कर सकती लेकिन मैं कुछ तो कर सकती हूं और सिर्फ इसलिए कि मैं सब कुछ नहीं कर सकती मैं वह करने से पीछे नहीं हटूंगी जो मैं कर सकती हूं"

हेलन केलर

यह किताब "कोशिश से कामयाबी तक" मेरे द्वारा लिखी गयी एक कोशिश है, जो आपके जीवन में सफलता की ओर बढ़ने में आपकी कुछ मदद कर सके.

इसे पढ़ने के लिए आपका धन्यवाद